Impressum
Verlag: BABADADA GmbH, Nedderfeld 112 , 22529 Hamburg
Geschäftsführer / Verlagsleitung: Harald Hof
Druck: Books on Demand GmbH, In de Tarpen 42, 22848 Norderstedt

Imprint
Publisher: BABADADA GmbH, Nedderfeld 112 , 22529 Hamburg, Germany
Managing Director / Publishing direction: Harald Hof
Print: Books on Demand GmbH, In de Tarpen 42, 22848 Norderstedt, Germany

aula
教室

dívidir
除

186/2

mesa
黑板

patio de escuela
校园

docente
老师

papel
纸

escribir
书写

bolígrafo
钢笔

escritorio
办公桌

regla
直尺

libro
书

alumno
学生

mochila escolar
书包

caja de lápices
铅笔盒

lápiz
铅笔

sacapuntas
卷笔刀

goma de borrar
橡皮擦

bloc de dibujo
画板

dibujo

图画

pincel

画笔

caja de pinturas

颜料盒

tijera

剪刀

pegamento

胶水

libro de ejercicios

练习册

tarea

家庭作业

número

数字

sumar

加

restar

减

multiplicar

乘

calcular

计算

letra

字母

alfabeto

字母表

palabra

字

texto

课文

leer

读

tiza

粉笔

lección

上课

libro de clase

登记

examen

考试

certificado

证书

uniforme escolar

校服

educación

教育

enciclopedia

百科全书

universidad

大学

microscopio

显微镜

mapa

地图

cesto de papeles

废纸筐

hotel
酒店

albergue
青年旅社

casa de cambio
外币兑换处

maleta
手提箱

auto
汽车

idioma
语言

sí / no
是/否

ok
好的

hola
您好

intérprete
翻译员

gracias
谢谢

¿Cuánto cuesta…?

......多少钱？

No entiendo

我不明白

problema

问题

¡Buenas tardes!

晚上好！

¡Buenos días!

早上好！

¡Buenas noches!

晚安！

adiós

再见

dirección

方向

equipaje

行李

bolso

包

mochila

双肩包

invitado

客人

cuarto

房间

saco de dormir

睡袋

tienda de campaña

帐篷

información al turista

旅游信息

playa

海滩

tarjeta de crédito

信用卡

desayuno

早餐

almuerzo

午餐

cena

晚餐

pasaje

票

ascensor

电梯

sello

邮票

límite

边界

aduana

海关

embajada

大使馆

visa

签证

pasaporte

护照

transporte
交通运输

avión
飞机

barco
船

coche de bomberos
消防车

bus
公交车

camión
卡车

lancha a motor
汽艇

bicicleta
自行车

auto
汽车

balsa
摆渡船

lancha
小船

motocicleta
摩托车

auto de policía
警车

auto de carreras
赛车

auto de alquiler
租车

alquiler de autos

拼车

grúa

拖车

vehículo recolector de basura

垃圾车

motor

发动机

gasolina

汽油

gasolinera

加油站

señal de tráfico

交通标志

tránsito

交通

atasco

交通堵塞

estacionamiento

停车场

estación de tren

火车站

carril

轨道

tren

火车

tranvía

电车

vagón

货车

helicóptero

直升机

aeropuerto

机场

torre

塔

pasajero

乘客

contenedor

集装箱

caja de cartón

纸板箱

carro

手推车

cesta

篮子

despegar / aterrizar

起飞/降落

ciudad
城市

aldea

村庄

centro de la ciudad

市中心

casa

房子

cine
电影院

publicidad
广告

farol
路灯

calle
街道

taxi
出租车

kiosco
小吃店

peatón
行人

acera
人行道

cruce
十字路口

paso de cebra
斑马线

cubo de la basura
垃圾箱

semáforo
红绿灯

cabaña

小屋

apartamento

公寓

estación de tren

火车站

ayuntamiento

市政厅

museo

博物馆

escuela

学校

universidad

大学

banco

银行

hospital

医院

hotel

酒店

farmacia

药房

oficina

办公室

librería

书店

negocio

商店

florería

花店

supermercado

超市

mercado

市场

grandes almacenes

百货商店

pescadería

鱼店

centro comercial

购物中心

puerto

海港

parque

公园

banco

长凳

puente

桥

escalera

楼梯

metro

地铁

túnel

隧道

parada de autobuses

公交车站

bar

酒吧

restaurante

餐馆

buzón de correo

邮筒

letrero

路标

parquímetro

停车计时器

zoológico

动物园

piscina

游泳馆

mezquita

清真寺

granja

农场

polución

污染

cementerio

墓地

iglesia

教堂

parque infantil

操场

templo

寺庙

paisaje

地形

hoja
树叶

indicador de camino
指示牌

sendero
路

pradera
草地

piedra
石头

árbol
树

caminante
徒步旅行者

río
河

pasto
草

flor
花

valle

峡谷

montaña

山

lago

湖

bosque

森林

desierto

沙漠

volcán

火山

castillo

城堡

arco iris

彩虹

seta

蘑菇

palmera

棕榈树

mosquito

蚊子

mosca

苍蝇

hormiga

蚂蚁

abeja

蜜蜂

araña

蜘蛛

escarabajo

甲虫

rana

青蛙

ardilla

松鼠

erizo

刺猬

liebre

野兔

lechuza

猫头鹰

pájaro

鸟

cisne

天鹅

jabalí

野猪

ciervo

鹿

alce

麋鹿

embalse

水坝

aerogenerador

风力发电机

módulo solar

太阳能电池板

clima

气候

camarero
服务员

carta del menú
菜单

silla
椅子

sopa
汤

pizza
披萨饼

mantel
桌布

cubiertos
餐具

entrada
前菜

plato principal
主菜

postre
甜点

bebida
饮料

comida
食物

botella
瓶子

comida rápida

快餐

comida callejera

街边小吃

tetera

茶壶

azucarera

糖盒

porción

一份饭菜

máquina de espresso

意式咖啡机

silla alta

高脚椅

factura

账单

bandeja

托盘

cuchillo

刀

tenedor

餐叉

cuchara

勺子

cuchara de té

茶匙

servilleta

餐巾

vaso

玻璃杯

plato

碟子

plato de sopa

汤盘

platillo

碟子

salsa

酱

salero

盐瓶

molinillo para pimienta

胡椒磨

vinagre

醋

aceite

食用油

especias

调味料

ketchup

番茄酱

mostaza

芥末

mayonesa

蛋黄酱

oferta
特价

cliente
顾客

productos lácteos
乳制品

fruta
水果

carrito de compras
购物车

FOR

carnicería

肉铺

panadería

面包房

pesar

称重

verdura

蔬菜

carne

肉

alimentos congelados

冷冻食品

fiambre

冷盘

conservas

罐头食品

detergente en polvo

洗衣粉

dulces

甜食

artículos domésticos

日用品

productos de limpieza

清洁用品

vendedora

销售员

caja

收银机

cajero

收银员

lista de compras

购物清单

horario de atención

开放时间

cartera

钱包

tarjeta de crédito

信用卡

maleta

袋子

bolsa plástica

塑料袋

supermercado - 超市

agua

水

jugo

果汁

leche

牛奶

refresco de cola

可乐

vino

红酒

cerveza

啤酒

alcohol

酒

cacao

可可

té

茶

café

咖啡

espresso

意式浓缩咖啡

cappuccino

卡布奇诺

banana

香蕉

manzana

苹果

naranja

橙子

sandía

西瓜

limón

柠檬

zanahoria

胡萝卜

ajo

大蒜

bambú

竹子

cebolla

洋葱

seta

蘑菇

nueces

坚果

fideos

面条

espagueti

意大利面条

arroz

米饭

ensalada

沙拉

patatas fritas

薯条

patatas salteadas

炸土豆

pizza

披萨饼

hamburguesa

汉堡包

sándwich

三明治

escalope

炸猪排

jamón

火腿

salame

萨拉米

embutido

香肠

pollo

鸡肉

asado

烤肉

pescado

鱼

copos de avena

燕麦片

musli

穆兹利

copos de maíz tostado

玉米片

harina

面粉

croissant

羊角面包

panecillo

面包卷

pan

面包

tostada

烤面包

galletas

饼干

mantequilla

黄油

cuajada

凝乳

pastel

蛋糕

huevo

蛋

huevo frito

煎蛋

queso

奶酪

helado

冰激凌

azúcar

糖

miel

蜂蜜

mermelada

果酱

praliné

巧克力酱

curry

咖喱饭

casa de labranza
农舍

pajar
粮仓

paca de paja
稻草捆

campo
田野

caballo
马

remolque
拖车

potro
马驹

tractor
拖拉机

asno
驴

cordero
羔羊

oveja
羊

cabra
山羊

vaca
奶牛

ternero
牛犊

cerdo
猪

lechón
小猪

toro
公牛

ganso

鹅

pato

鸭

polluelo

小鸡

pollo

母鸡

gallo

公鸡

rata

鼠

gato

猫

ratón

老鼠

buey

牛

perro

狗

caseta del perro

狗屋

manguera de riego

花园浇水软管

regadera

洒水壶

guadaña

长柄大镰刀

arado

犁

hoz

镰刀

azada

锄头

bieldo

长柄草耙

hacha

斧头

carretilla

独轮手推车

abrevadero

饲料槽

lechera

牛奶罐

saco

麻布袋

cerca

栅栏

establo

马厩

invernadero

温室

suelo

土壤

semilla

种子

fertilizante

肥料

cosechadora

联合收割机

cosechar

收割

cosecha

收割

raíz de ñame

山药

trigo

小麦

soja

大豆

patata

土豆

maíz

玉米

colza

油菜籽

Árbol frutal

果树

mandioca

树薯

cereales

谷物

chimenea
烟囱

techo
屋顶

canalón
落水管

ventana
窗户

garaje
车库

timbre
门铃

puerta
门

cubo de la basura
垃圾桶

buzón de correo
信箱

jardín
花园

cuarto de estar

客厅

cuarto de baño

浴室

cocina

厨房

dormitorio

卧室

cuarto de los niños

儿童房

comedor

餐厅

piso

地板

pared

墙壁

cielorraso

吊顶

sótano

地窖

sauna

桑拿

balcón

阳台

terraza

露台

piscina

游泳池

cortacésped

割草机

funda nórdica

被单

edredón

床罩

cama

床

escoba

扫帚

cubo

水桶

interruptor

开关

papel para empapelar
壁纸

imagen
照片

lámpara
台灯

estante
搁架

gabinete
橱柜

hogar
壁炉

televisor
电视机

flor
花

cojín
垫子

sofá
沙发

florero
花瓶

control remoto
遥控器

alfombra
地毯

cortina
窗帘

mesa
餐桌

silla
椅子

mecedora
摇椅

sillón
扶手椅

libro

书

frazada

毯子

decoración

装饰品

leña

木柴

film

电影

equipo estereofónico

高保真音响

llave

钥匙

periódico

报纸

cuadro

油画

póster

海报

radio

收音机

bloc de notas

笔记本

aspiradora

吸尘器

cactus

仙人掌

vela

蜡烛

horno microondas
微波炉

nevera
冰箱

balanza de cocina
厨房秤

tostador
烤面包机

detergente
洗洁精

horno
烤箱

congelador
冰柜

cubo de la basura
垃圾桶

lavaplatos
洗碗机

cocina

炊具

olla

锅

olla de fundición de hierro

铸铁锅

wok / kadai

炒锅

sartén

平底锅

hervidor de agua

水壶

olla de vapor

蒸锅

bandeja de horno

烤盘

vajilla

陶瓷锅

vaso

马克杯

bol

碗

palillos para comer

筷子

cucharón de sopa

长柄勺

espátula

铲子

batidor

搅拌器

colador

滤网

cedazo

筛子

rallador

磨碎机

mortero

研钵

parrillada

烧烤

fogata

明火

tabla de picar

菜板

rodillo

擀面杖

sacacorchos

开瓶器

lata

罐子

abrelatas

开罐器

agarrador

隔热手套

fregadero

水槽

cepillo

刷子

esponja

海绵

batidora

搅拌机

arcón congelador

冷藏箱

biberón

奶瓶

grifo

水龙头

calefacción 供暖设备

ducha 淋浴

toalla 毛巾

cortina para ducha 浴帘

baño de espuma 泡沫浴

bañera 浴缸

vaso 玻璃杯

lavadora 洗衣机

baldosa 瓷砖

grifo 水龙头

orinal 便壶

fregadero 水槽

cuarto de baño 厕所	placa turca 蹲便器	bidé 坐浴器
urinario 小便池	papel higiénico 厕纸	escobilla para el cuarto de baño 马桶刷

cepillo de dientes

牙刷

pasta dentífrica

牙膏

seda dental

牙线

lavar

洗

ducha teléfono

手持式喷淋头

ducha higiénica

冲洗器

cuenco

洗脸盆

cepillo para la espalda

擦背刷

jabón

肥皂

gel de ducha

沐浴露

champú

洗发水

manopla para baño

法兰绒

desagüe

排水

crema

乳霜

desodorante

除臭剂

espejo

镜子

espejo de maquillaje

手镜

máquina de afeitar

剃须刀

espuma de afeitar

剃须泡沫

loción para después del afeitado

须后水

peine

梳子

cepillo

刷子

secador para cabello

吹风机

laca de peinado

喷发定型剂

maquillaje

化妆品

lápiz labial

唇膏

laca para uñas

指甲油

algodón

化妆棉

tijera para uñas

指甲剪

perfume

香水

neceser

洗漱包

taburete

凳子

balanza

计重秤

bata de baño

浴袍

guantes de goma

橡胶手套

tampón

卫生棉条

compresa

卫生巾

wáter químico

化学厕所

despertador
闹钟

animal de peluche
毛绒玩具

auto de juguete
玩具车

sonajero
拨浪鼓

casa de muñecas
玩具屋

obsequio
礼物

globo

气球

cama

床

cochecito para niños

（洋娃娃用）婴儿车

juego de barajas

扑克牌

rompecabezas

拼图

cómic

漫画

piezas de Lego

乐高积木

bloques para jugar

积木玩具

figura de acción

玩具人

pijama de una pieza

婴儿服

frisbee

飞盘

móvil

床铃玩具

juego de mesa

棋盘游戏

dado

骰子

tren eléctrico a escala

火车模型

chupete

安抚奶嘴

fiesta

聚会

libro de dibujos

绘本

pelota

球

títere

洋娃娃

jugar

玩

arenero

沙坑

columpio

秋千

juguetes

玩具

consola de videojuego

游戏机

triciclo

三轮车

osito de peluche

泰迪熊

guardarropa

衣柜

vestimenta

衣服

calcetines

袜子

medias

长袜

panti

紧身裤

chal
围巾

paraguas
雨伞

camiseta
T恤

cinturón
皮带

botas
靴子

zapatilla
拖鞋

deportivas
运动鞋

sandalias

凉鞋

zapatos

鞋

botas de goma

雨靴

ropa interior

内裤

corpiño

胸罩

camiseta

背心

body

身体

pantalón

裤子

jeans

牛仔裤

falda

短裙

blusa

女式衬衫

camisa

衬衫

pullover

套头衫

sweater

卫衣

blazer

西装夹克

chaqueta

夹克

abrigo

外套

impermeable

雨衣

traje chaqueta

套装

vestido

连衣裙

vestido de bodas

婚纱

traje

西装

camisón

睡袍

pijama

睡衣

sari

莎丽

pañuelo de cabeza

头巾

turbante

包头巾

burka

波卡

caftán

卡夫坦

abaya

(阿拉伯式)长袍

traje de baño

泳衣

bañador

男式泳裤

shorts

短裤

chándal

运动服

delantal

围裙

guante

手套

botón

纽扣

gafa

眼镜

brazalete

手链

cadena

项链

anillo

戒指

aro

耳环

gorra

便帽

percha

衣架

sombrero

帽子

corbata

领带

cierre a cremallera

拉链

casco

头盔

tiradores

背带

uniforme escolar

校服

uniforme

制服

babero

围兜

chupete

安抚奶嘴

pañal

尿不湿

oficina
办公室

servidor
服务器

archivador
文件柜

impresora
打印机

papel
纸

monitor
显示屏

escritorio
办公桌

ratón
鼠标

carpeta
文件夹

teclado
键盘

cesto de papeles
废纸筐

silla
椅子

ordenador
电脑

taza de café

咖啡杯

calculadora

计算器

internet

因特网

laptop

笔记本电脑

carta

信件

mensaje

消息

teléfono móvil

手机

red

网络

fotocopiadora

复印机

software

软件

teléfono

电话

tomacorriente

插座

máquina de fax

传真机

formulario

表格

documento

文件

comprar
买

pagar
付钱

comerciar
交易

dinero
现金

dólar
美元

euro
欧元

yen
日元

rublo
卢布

franco
瑞士法郎

renminbi
人民币

rupia
卢比

cajero automático
提款处

casa de cambio

外币兑换处

oro

金

plata

银

petróleo

石油

energía

能源

precio

价格

contrato

合同

impuesto

税金

acción

股票

trabajar

工作

empleado

职员

empleador

老板

fábrica

工厂

negocio

商店

policía
警官

bombero
消防员

cocinero
厨师

médico
医生

piloto
飞行员

jardinero

园丁

carpintero

木匠

costurera

裁缝

juez

法官

químico

化学家

actor

演员

conductor de autobús

公交车司机

taxista

出租车司机

pescador

渔夫

mujer de la limpieza

清洁女工

techista

屋顶工

camarero

服务员

cazador

猎人

pintor

画家

panadero

面包师

electricista

电工

albañil

建筑工人

ingeniero

工程师

carnicero

屠夫

fontanero

水管工

cartero

邮递员

soldado

士兵

arquitecto

建筑师

cajero

收银员

florista

花农

peluquero

理发师

cobrador

售票员

mecánico

机械师

capitán

船长

odontólogo

牙医

científico

科学家

rabino

拉比

imam

伊玛目

monje

和尚

párroco

牧师

martillo
铁锤

tenazas
钳子

destornillador
螺丝刀

llave de tuercas
扳手

lámpara de mes
手电筒

excavadora

挖掘机

caja de herramientas

工具箱

escalerilla

梯子

serrucho

锯子

clavos

钉子

taladro

钻机

reparar

修

pala

铲子

¡Maldición!

靠！

recogedor

簸箕

lata de pintura

油漆桶

tornillos

螺丝

instrumentos musicales
乐器

altavoz
扬声器

batería
打击乐器

guitarra
吉他

contrabajo
低音提琴

trompeta
小号

piano

钢琴

violín

小提琴

bajo

贝斯

timbales

定音鼓

tambor

鼓

teclado

电子琴

saxofón

萨克斯管

flauta

长笛

micrófono

麦克风

entrada
入口

tigre
老虎

jaula
笼子

cebra
斑马

comida para animales
动物饲料

panda
熊猫

animales

动物

elefante

大象

canguro

袋鼠

rinoceronte

犀牛

gorila

大猩猩

oso

熊

camello

骆驼

avestruz

鸵鸟

león

狮子

mono

猴子

flamengo

火烈鸟

papagayo

鹦鹉

oso polar

北极熊

pingüino

企鹅

tiburón

鲨鱼

pavo real

孔雀

serpiente

蛇

cocodrilo

鳄鱼

cuidador del zoológico

动物园管理员

foca

海豹

jaguar

美洲豹

pony

矮种马

leopardo

豹

hipopótamo

河马

jirafa

长颈鹿

águila

老鹰

jabalí

野猪

pescado

鱼

tortuga

龟

morsa

海象

zorro

狐狸

gacela

羚羊

fútbol americano
橄榄球

ciclismo
骑自行车

tenis
网球

baloncesto
篮球

natación
游泳

boxeo
拳击

hockey sobre hielo
冰球

fútbol
英式足球

badminton
羽毛球

atletismo
田径

balonmano
手球

esquí
滑雪

polo
马球

saltar
跳

reír
笑

abrazar
拥抱

caminar
走路

cantar
唱

soñar
做梦

rezar
祈祷

besar
亲吻

escribir

书写

dibujar

画

mostrar

展示

presionar

推

dar

给

tomar

拿

tener
有

hacer
做

ser
当

estar de pie
站

correr
跑

tirar
拉

arrojar
扔

caer
摔倒

estar acostado
躺

esperar
等待

llevar
携带

estar sentado
坐

vestirse
穿衣

dormir
睡觉

despertar
醒来

mirar

看

llorar

哭

acariciar

抚摸

peinarse

梳头

conversar

交谈

entender

明白

preguntar

问

oír

听

beber

喝

comer

吃

asear

清理

amar

爱

cocinar

做饭

conducir

开车

volar

飞

actividades - 活动

navegar

航行

calcular

计算

leer

读

aprender

学习

trabajar

工作

casarse

结婚

coser

缝

limpiarse los dientes

刷牙

matar

杀

fumar

抽烟

enviar

寄

abuela
祖母

abuelo
祖父

padre
父亲

madre
母亲

bebé
婴童

hija
女儿

hijo
儿子

invitado

客人

tía

阿姨

tío

叔叔

hermano

兄弟

hermana

姐妹

frente
前额

ojo
眼睛

hombro
肩膀

dedo
手指

cara
脸

barbilla
下巴

mano
手

pecho
乳房

pierna
腿

brazo
手臂

bebé

婴童

hombre

男人

mujer

女人

muchacha

女孩

joven

男孩

cabeza

头

espalda

背部

vientre

肚子

ombligo

肚脐

dedo del pie

脚趾

talón

脚后跟

hueso

骨头

cadera

臀部

rodilla

膝盖

codo

手肘

nariz

鼻子

trasero

屁股

piel

皮肤

mejilla

脸颊

oreja

耳朵

labio

嘴唇

cuerpo - 身体

boca

嘴

diente

牙齿

lengua

舌头

cerebro

脑

corazón

心脏

músculo

肌肉

pulmón

肺

hígado

肝脏

estómago

胃

riñones

肾脏

relación sexual

性交

condón

避孕套

Óvulo

卵子

esperma

精子

embarazo

怀孕

menstruación

月经

vagina

阴道

pene

阴茎

ceja

眉毛

cabello

头发

cuello

脖子

hospital
医院

ambulancia
救护车

silla de ruedas
轮椅

fractura
骨折

médico

医生

admisión de urgencia

急诊室

enfermera

护士

emergencia

紧急情况

inconsciente

昏迷

dolor

痛

lesión

受伤

hemorragia

出血

infarto de miocardio

心脏病发作

apoplejía cerebral

中风

alergia

过敏

tos

咳嗽

fiebre

发烧

gripe

流感

diarrea

腹泻

dolor de cabeza

头痛

cáncer

癌症

diabetes

糖尿病

cirujano

外科医生

escalpelo

手术刀

operación

手术

TC
CT

rayos X
X光

ultrasonido
超声波

máscara
口罩

enfermedad
疾病

sala de espera
候诊室

muleta
拐杖

emplasto
石膏

vendaje
绷带

inyección
注射

estetoscopio
听诊器

camilla
担架

termómetro
体温计

nacimiento
出生

sobrepeso
超重

audífono

助听器

desinfectante

消毒液

infección

感染

virus

病毒

VIH / SIDA

艾滋病

medicina

药物

vacunación

接种疫苗

comprimido

药片

píldora anticonceptiva

药丸

llamada de emergencia

急救电话

medidor de presión arterial

血压计

enfermo / saludable

生病/健康

¡Ayuda!

救命！

alarma

警报

asalto

突击

ataque

攻击

peligro

危险

salida de emergencia

紧急出口

¡Fuego!

着火啦！

extintor

灭火器

accidente

意外

kit de primeros auxilios

急救箱

SOS

呼救信号

Policía

警察

Europa

欧洲

América del Norte

北美洲

América del Sur

南美洲

África

非洲

Asia

亚洲

Australia

澳洲

Atlántico

大西洋

Pacífico

太平洋

Océano Índico

印度洋

Océano Antártico

南冰洋

Océano Ártico

北冰洋

Polo Norte

北极

Polo Sur

南极

Antártida

南极洲

Tierra

地球

país

陆地

mar

海

isla

岛

nación

国家

Estado

国家

cuadrante

钟面

horario

时针

minutero

分针

segundero

秒针

¿Qué hora es?

现在几点？

día

天

tiempo

时间

ahora

现在

reloj digital

电子表

minuto

分

hora

时

lunes 周一
martes 周二
miércoles 周三
jueves 周四
viernes 周五
sábado 周六
domingo 周日

ayer

昨天

hoy

今天

mañana

明天

mañana

早晨

mediodía

中午

tarde

晚上

MO	TU	WE	TH	FR	SA	SU
1	2	3	4	5	6	7
8	9	10	11	12	13	14
15	16	17	18	19	20	21
22	23	24	25	26	27	28
29	30	31	1	2	3	4

jornada de trabajo

工作日

MO	TU	WE	TH	FR	SA	SU
1	2	3	4	5	6	7
8	9	10	11	12	13	14
15	16	17	18	19	20	21
22	23	24	25	26	27	28
29	30	31	1	2	3	4

fin de semana

周末

arco iris
彩虹

lluvia
雨

nieve
雪

viento
风

primavera
春

otoño
秋

verano
夏

invierno
冬

pronóstico meteorológico

天气预报

termómetro

温度计

luz solar

阳光

nube

云

niebla

雾

humedad ambiente

潮湿

relámpago

闪电

trueno

打雷

tormenta

风暴

granizo

冰雹

monzón

季风

inundación

洪水

hielo

冰

enero

一月

febrero

二月

marzo

三月

abril

四月

mayo

五月

junio

六月

julio

七月

agosto

八月

septiembre

九月

octubre

十月

noviembre

十一月

diciembre

十二月

formas

形状

círculo

圆形

cuadrado

正方形

rectángulo

长方形

triángulo

三角形

esfera

球体

cubo

立方体

blanco

白

amarillo

黄

anaranjado

橙

rosa

粉

rojo

红

lila

紫

azul

蓝

verde

绿

marrón

棕

gris

灰

negro

黑

mucho / poco

很多/少许

enojado / calmado

生气/平静

bonito / feo

美/丑

comienzo / fin

首/尾

grande / pequeño

大/小

claro / oscuro

明/暗

hermano / hermana

兄弟/姐妹

limpio / sucio

干净/肮脏

completo / incompleto

完整/缺失

día / noche

白天/晚上

muerto / vivo

死/生

ancho / angosto

宽/窄

disfrutable / no disfrutable

可食用/非食用

malo / amigable

邪恶/善良

excitado / aburrido

兴奋/无聊

gordo / delgado

胖/瘦

primero / último

第一/最后

amigo / enemigo

朋友/敌人

lleno / vacío

满/空

duro / suave

硬/软

pesado / liviano

重/轻

hambre / sed

饿/渴

enfermo / saludable

生病/健康

ilegal / legal

非法/合法

inteligente / tonto

聪明/愚笨

izquierda / derecha

左/右

cercano / lejano

近/远

nuevo / usado

新/旧

nada / algo

没有/有些

viejo / joven

老/幼

encendido / apagado

开/关

abierto / cerrado

打开/合上

bajo / fuerte

安静/吵闹

rico / pobre

富/穷

correcto / incorrecto

对/错

áspero / liso

粗糙/光滑

triste / alegre

伤心/高兴

breve / extenso

短/长

lento / veloz

慢/快

mojado / seco

湿/干

caliente / frío

温暖/凉爽

guerra / paz

战争/和平

0

cero
········
零

1

uno
········
一

2

dos
········
二

3

tres
········
三

4

cuatro
········
四

5

cinco
········
五

6

seis
········
六

7

siete
········
七

8

ocho
········
八

9

nueve
········
九

10

diez
········
十

11

once
········
十一

12
doce

十二

13
trece

十三

14
catorce

十四

15
quince

十五

16
dieciséis

十六

17
diecisiete

十七

18
dieciocho

十八

19
diecinueve

十九

20
veinte

二十

100
cien

百

1.000
mil

千

1.000.000
millón

百万

inglés
英语

inglés estadounidense
美式英语

chino mandarín
普通话

hindi
印地语

español
西班牙语

francés
法语

árabe
阿拉伯语

ruso
俄语

portugués
葡萄牙语

bengalí
孟加拉语

alemán
德语

japonés
日语

yo

我

tú

你

él / ella

他/她/它

nosotros

我们

vosotros

你们

ellos

他们

¿quién?

谁？

¿qué?

什么？

¿cómo?

怎样？

¿dónde?

哪里？

¿cuándo?

什么时候？

nombre

名字

detrás

后面

en

里面

delante de

前面

encima de

上方

sobre

上面

debajo de

下面

junto a

旁边

entre

中间

lugar

地点